AIMONS-NOUS !

Aidons-nous !

Par le Dr GRELLETY

Médecin consultant à Vichy,
Secrétaire de la société de Thérapeutique,
Ex-Secrétaire de la société d'Hydrologie,
Lauréat de l'Académie (médaille d'argent des eaux minérales),
Membre du Concours médical, de la société française d'Hygiène,
Correspondant des sociétés médicales d'Angers, Bordeaux,
Le Mans, Lille, Lyon, Marseille, Nice, Orléans,
La Rochelle, Reims, Toulouse,
Tours et Varsovie.

MACON
PROTAT FRÈRES, IMPRIMEURS
—
1895

AIMONS-NOUS ![1]

Aidons-nous !

Il y a quelque temps on lisait ce qui suit dans un journal du matin :

« *Entre confrères*.— La nuit dernière, une dame G...,demeurant dans le quartier Gaillon, s'étant trouvée malade, envoyait au plus vite au poste de police de la rue de Choiseul demander l'adresse d'un médecin.

Un agent allait aussitôt prévenir le docteur A..., qui vint immédiatement donner ses soins à la malade.

Quelques instants après, le docteur B..., médecin attitré de la famille, venait à son tour.

---

1 Dans mon désir de voir progresser les principes de bonne confraternité, je me suis laissé facilement persuader que la vulgarisation de cet article pourrait peut-être y contribuer. — Tout ce qui sera fait dans ce sens mérite d'être encouragé, et favorablement accueilli. Je compte donc sur la bienveillance de mes lecteurs, qui, de leur côté et avec plus d'autorité ou de talent, devraient bien à leur tour évangéliser les infidèles.

Tout étonné de se trouver en présence d'un confrère, il s'en montra froissé et prononça quelques paroles assez malveillantes à l'égard de ce dernier. Une altercation violente eut lieu, au cours de laquelle B... se laissa aller à gifler son confrère qui partit en déclarant qu'il allait déposer une plainte au parquet ».

Ce bel exploit m'en a rappelé un autre, tout aussi édifiant.

Il y a quelques années, j'eus l'occasion de me trouver en tête à tête avec un jeune médecin, qui était dans un état d'exaltation extrême. Il avait été appelé à donner des soins à une personne habitant dans sa maison ; au bout de quelque temps, comme la maladie s'éternisait, sans perspective d'amélioration, il fut remercié, et un ancien médecin de la famille, âgé, riche et considéré, fut mandé à son tour, — *Indè ira.*

Le confrère évincé en conçut une violente acrimonie contre son successeur et lui écrivit une lettre excessivement provocante, où il lui demandait réparation de l'injure qui venait de lui être faite. — Réponse très modérée, où on lui faisait remarquer que s'il croyait qu'on eût manqué d'égards envers lui, il devait s'en prendre à ses anciens clients, et non à son remplaçant. — Le fils de ce dernier étant intervenu, en raison du grand âge de son père, pour calmer le courroux de cet irascible praticien, celui-ci tourna sa fureur contre le nouveau venu et lui adressa deux témoins, pour régler les conditions d'un duel.

Chose inouïe, il avait trouvé deux collègues assez bêtes pour le seconder dans cette circonstance, au lieu de lui conseiller d'aller prendre une douche.

De pareilles insanités sont attristantes et donnent une bien fâcheuse idée du parti-pris qui préside aux résolutions de certains médecins et de l'intolérance qui existe dans leurs relations. — Elles dénotent un esprit de rapacité excessif (gare aux deniers de la veuve et au capital de l'orphelin), bien plus qu'elles ne sont dictées par la dignité méconnue et l'amour-propre froissé.

Voilà bien du bruit pour peu de chose. — Tu te fâches, disait Ménippe à Jupiter, donc tu as tort. J'en dirai autant aux confrères qui ne savent pas garder la modération en public, même lorsqu'ils auraient raison de se plaindre. Ils n'ont rien à gagner à laisser percer ouvertement leur mécontentement, à le traduire en récriminations trop véhémentes ou en brutalités indignes d'un homme éduqué.

Je me souviens encore avec mélancolie de la lutte fratricide de deux concurrents au titulariat d'un dispensaire, qui en vinrent à s'assommer mutuellement, à coups de canne, en pleine rue. — Ils étaient dans un état lamentable, lorsque la police parvint enfin à les séparer.

La foule, sans s'enquérir de celui qui avait commencé, des torts imputables à chacun des combattants, les accompagna de ses ricanements, de ses huées, les trouvant également ridicules. — Les malins profitèrent de la circonstance pour exhumer de vieilles plaisanteries contre la corporation, pour s'étonner que des médecins fussent assez inoccupés pour se tuer entre eux, alors qu'ils avaient leur clientèle.

Et je suis bien convaincu que notre prestige fut amoindri, ce jour-là, dans l'estime de tous les spectateurs.

Mais si je réprouve les voies de fait, le manque d'égards réciproques, je ne saurais trop condamner non plus les critiques acerbes, les dénigrements systématiques, toutes les petites félonies avec lesquelles on cherche à amoindrir un rival heureux, le plus souvent irréprochable, sous le couvert de la déontologie.

Voilà un mot décoratif, sous les pruderies et les affarouchements emphatiques duquel se dissimulent bien des malpropretés, bien des manœuvres honteuses. Il n'y a pas de forêt sauvage plus encombrée de fondrières, de traquenards, de lianes perfides, avec lesquelles on confectionne sournoisement des lacets, pour étrangler les voisins gênants.

Le fabuliste nous a appris depuis longtemps que les agneaux doivent s'attendre sans cesse à être provoqués par les loups, et il y en a d'affamés ou d'enragés, dans notre profession comme dans les autres.

Du moment, que quelqu'un a réussi, partout où le gibier est rare et les chasseurs nombreux, on peut être assuré d'avance que parmi ceux qui reviennent bredouille, il se trouvera quelque fauve, à la langue intempérante, qui s'empressera de débiner le collègue favorisé, de le cribler de traits perfides.

L'instinct de dénigrement prend des proportions homériques, lorsqu'il se complique de rivalités féminines et a la province pour théâtre. — On ne cesse de se guetter, pour avoir un prétexte de dénaturer les actes les plus simples, les plus corrects ; on attribue un mobile bas aux moindres faits et gestes de son concurrent ; on cherche à le vilipender jusque dans ses relations et sa vie privée.

C'est agir comme ce financier fameux, qui avait adopté pour principe de suspecter tout le monde et de toujours supposer le pire.

Eugène Nus, indigné comme moi par cette fermentation des mauvais levains de l'âme humaine, a protesté énergiquement contre ces misérables tendances, convoitises, jalousies, ambitions basses et hautes. Je me contenterai de citer un passage de son réquisitoire : « Newton, dit-il, en étudiant les planètes, les soleils, les nébuleuses, et tout ce qui constitue la république de l'Empyrée, eut cet avantage de trouver chacun à sa place, circonscrit dans son orbite naturel, et ne cherchant pas à embrouiller les cercles pour empiéter sur la circulation du voisin. Chez nous, au contraire, tel qui n'a reçu du pondérateur universel que les facultés d'un maigre satellite, s'imagine être né étoile de première grandeur, et ne songe qu'à déblatérer contre les soleils qui usurpent sa place, déclarant leurs rayons mauvais teint, leurs aromes falsifiés et leur calorique au-dessous du taux légal. On voit même çà et là d'ignobles petites boules ramasser le venin et l'ordure dont elles sont pétries pour tâcher d'en éclabousser tout ce qui brille, sans songer à la force d'attraction qui ramène ces immondices à leur point de départ.

Quelque soin que l'on prenne de se tenir à l'écart dans cette mêlée grouillante et sifflante d'appétits en lutte et d'orgueils en fièvre, descendant, par une pente insensible, aux extrêmes confins de la mauvaise foi et de ce qu'on nomme canaillerie, dans le style naturaliste de nos jours, arrivant même souvent à dépasser cette frontière, il est difficile de ne pas se laisser dominer par les écœurements qu'on éprouve. »

On se plaint unanimement de l'actuelle infélicité, du mauvais état de la voirie médicale, sans songer que les chemins de la bonne confraternité continueront à être impraticables, tant qu'une équipe de bonne volonté, dirigée par l'indulgence, ne cherchera pas à les nettoyer et à donner l'exemple de la droiture dans les relations.

Vertuchou ! que tout cela est donc regrettable ; qu'il est donc fâcheux que les enfants d'une même famille ne songent qu'à se mettre mutuellement en suspicion, qu'à se déchirer à tour de rôle, au lieu de se tendre loyalement la main, de se soutenir, de parcourir sans querelles, le cœur sain et le front haut, les mêmes chemins raboteux.

Que de forces perdues ! — Que d'inimitiés néfastes, reposant sur des calommies puériles ! — Comme on est prompt à voir les autres en laid et à les accabler !

Ah ! race de Caïn, bornée aux quatre points cardinaux par la grossièreté la plus barbare, quand cesseras-tu de te montrer impitoyable, de frapper sans merci les descendants d'Abel ?

Il y aurait de quoi se décourager, en songeant à la lenteur de l'initiative humaine en faveur de la religion altruiste. On a beau parler constamment de charité, de fraternité, le vil égoïsme, les instincts de bestialité, qui se dissimulent sous un léger vernis de civilisation, reparaissent sans cesse à la moindre alerte.

Si des hommes d'une certaine culture ont si peu progressé et en viennent si facilement aux mains, que ne doit-on pas redouter des milliers d'ignorants et de brutes, que la peur du gendarme seulement empêche de se ruer sur la société, comme sur une proie.

Par prudence, nous devrions prêcher d'exemple, car la curée sera terriblement sanglante, le jour où la bête populaire, avidement inconsciente et s'autorisant de ce qui se passe en haut, sera enfin parvenue à donner la lippée à ses farouches et insatiables appétits.

Je termine donc en formant des vœux pour que l'expression de confrère, dont nous nous servons couramment, cesse de représenter un mot banal et réponde bien à sa signification.

Il est à désirer qu'il ne soit pas seulement sur les lèvres, mais encore au fond de tous les cœurs !

Mâcon, Protat frères, imprimeurs.

MEMORANDUM

Les sources de l'établissement thermal, propriété de l'Etat, exploitées par la Compagnie fermière, sont :

1° La Grande Grille; 2° le puits Chomel; 3° l'Hôpital; 4° la source Lucas; 5° la vieille source des Célestins; 6° la source de la grotte des Célestins; 7° la nouvelle source des Célestins; 8° le Parc; 9° Mesdames; 10° Hauterive, à quelques kilomètres.

La Grande Grille réussit d'une façon remarquable dans la plupart des maladies du foie; c'est la source par excellence de Vichy.

La source de l'Hôpital, qui a dix degrés de moins de température, est plus particulièrement utilisée dans les dyspepsies gatro-intestinales.

La nouvelle source des Célestins, qui est surtout fréquentée, au détriment de ses deux voisines, convient aux graveleux, à certains diabétiques, etc...

Indications analogues pour la buvette du Parc. L'association du bicarbonate de soude au fer et à l'arsenic rendent la source Mesdames fort précieuse pour les personnes anémiées, chlorotiques, qui ont besoin d'accroitre la richesse de leur sang.

Chomel, en raison de sa température élevée, est réservée aux malades susceptibles du côté des premières voies respiratoires, ou qui, atteintes d'une indisposition passagère de la gorge et des bronches, ne peuvent pas boire d'eau froide.

L'eau de Lucas est employée non seulement en boisson, mais en ablutions contre diverses affections cutanées.

L'eau d'Hauterive sert surtout à l'exportation.

PRINCIPALES PUBLICATIONS DU MÊME AUTEUR

1873. De l'hématurie dite essentielle. In-8 de 70 pages.
1874. Vichy médical. Guide des malades à Vichy. In-12 de 360 pages.
1876. De l'hygiène et du régime des malades. In-18 de 80 pages. — 2ᵉ édit. en 1884. — 3ᵉ édit. in-12 de 134 pages en 1888.
Du merveilleux au point de vue médical. G. Baillière, in-8 de 86 pages.
1877. Influence de l'abus du tabac sur le tube digestif. (*Médaille*).
1878. Contribution à la thérapeutique de quelques dermatoses de nature arthritique. In-8 de 48 pages. G. Baillière.
Bibliographie de Vichy, suivie d'une notice sur les eaux et le traitement du diabète. In-8 de 70 pages. *Couron. par l'Académie.*
1879. Du climat de Nice et des maladies traitées dans cette ville, particulièrement de la phtisie. In-8 de 20 pages.
Des divers traitements de la fièvre typhoïde. *Couronné au Concours par la Société médicale de Tours.*
1880. Une cure thermale aux eaux de Vichy pendant le XVIIᵉ siècle. *Revue scientifique*, nº du 27 mars.
Le mariage, ses charmes et ses devoirs. Ed. elzévir sur papier de Hollande, in-12 de 150 p. Imp. Protat. *Médaille d'honneur de la Société d'encouragement au bien.* — 2ᵉ édit. en 1891.
Des principales complications du diabète. In-8, Lyon.
Analyse et compte rendu des 17 thèses d'agrégation en médecine soutenues en mars 1880. G. Masson, in-8 de 130 pages.
1881. Notice sur les eaux de Vichy et réfutation de la prétendue cachexie alcaline. In-8 de 74 pages, traduit en plusieurs langues.
Des précautions hygiéniques à prendre contre la fièvre typhoïde. In-8 de 24 p., publié par la *Société française d'hygiène.*
Traité élémentaire de la fièvre typhoïde. 1 vol. de 420 pages.
1884. Traitement du psoriasis par la traumaticine chrysophanique.
Pour tuer le temps. Livre d'heures... perdues. In-8 de 300 pages.
1885. De la lithiase biliaire et de la pseudo-gravelle hépatique. (J. de méd. de Bordeaux, 27 septembre).
1886. Vichy et ses eaux minérales, 4ᵉ édition, in-12 de 530 pages. A. Delahaye et Lecrosnier.
1887. Des accidents cutanés produits par le bromure de potassium. De la syphilis conceptionnelle (2 brochures de 20 pages chacune).
1888. Inconvénients du silence imposé dans les pensions pendant les repas. In-8 de 15 pages.
De l'influence de la menstruation et des états pathologiques de l'utérus sur les maladies cutanées. In-12 de 35 pages.
1889. Indications de la cure de Vichy. In-18 de 46 pages.
1890. Contribution à l'étude des gros calculs biliaires.
1891. Pour les médecins. — Causeries in-12 de 300 pages.
Guide dans les maladies du foie. In-18 de 120 pages.
1892. Direction de la *Revue thermale et balnéaire*, nombreux articles dans le *Concours médical*, le *Journal de Paris*, la *Gazette de gynécologie*, etc.
1893. Hygiène et régime des malades à Vichy. 4ᵉ édit. In-18 de 200 pages.
La cure de Vichy. Du moment le plus propice pour y suivre un traitement. In-12 de 20 pages.
1894. Questions professionnelles (in-12 de 300 pages. *Société d'éditions scientifiques*).

www.ingramcontent.com/pod-product-compliance
Lightning Source LLC
LaVergne TN
LVHW012017170826
845678LV00004BA/1525

9782329618883